W0360070

# Französisch-Stars 3

nach einer Vorlage von

Barbara Gleich
Irene Reindl
Katrin Schmidt
Britta Schöpe

Bearbeitet für das Französische von

Nicole Weinmann

Illustriert von

Martina Mair und
Wilfried Poll

Oldenbourg

# Inhalt

1. Remplies.

Je m'appelle

______________________

______________________

2. Numérote dans le bon ordre.

3. Qu'est-ce qu'on dit? Écris.

**Bonne nuit.**
**Bon appétit.**
**Bonsoir.**
**Bonjour.**

1. Cherche les mots et relie.

2. Quelle est la couleur préférée de Plume? Fais les mots croisés.

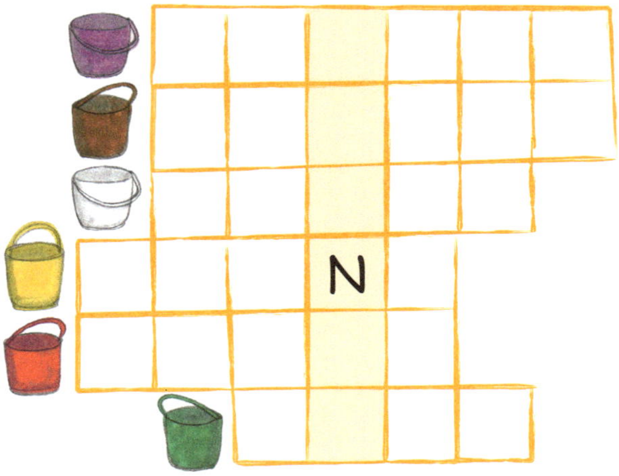

**blanc**
**marron**
**vert**
**rouge**
**jaune**
**violet**

Verbinde mit den richtigen Farben. Achtung, zu zwei Bildern gehören mehrere Farben.

3. Relie.

gris
bleu
noir
vert
rouge
marron
jaune

4. Écris et colorie.

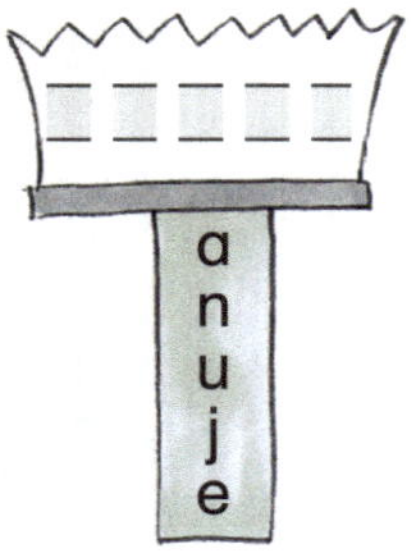


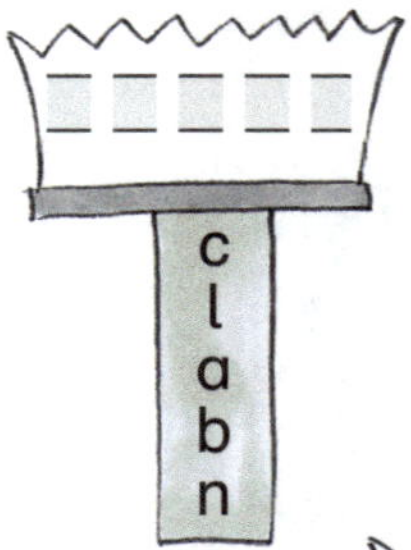


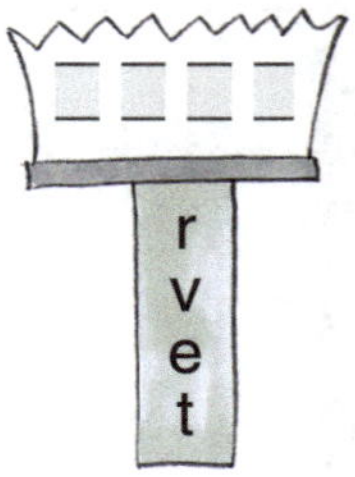


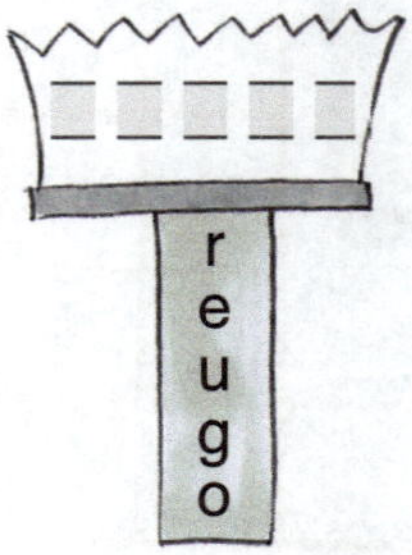


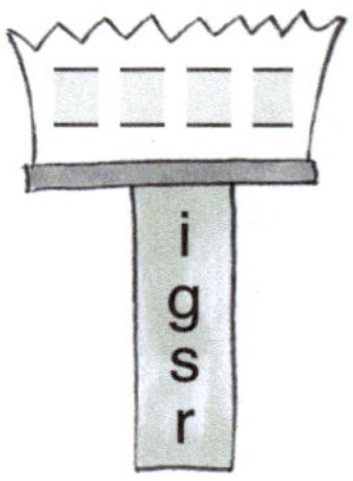


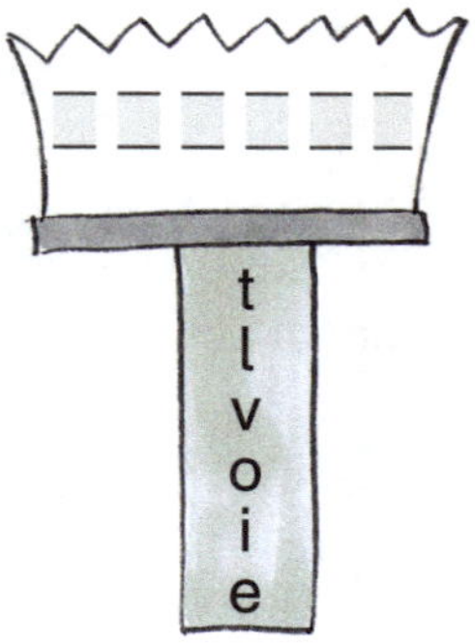


jaune
vert
blanc
rouge
violet
gris

Was soll das denn heißen?

Da sind Buchstaben durcheinandergekommen. Schreibe erst das Wort, male dann den Pinsel in der richtigen Farbe an.

5. Cherche les mots cachés.

| | | | | | | |
|---|---|---|---|---|---|---|
| j | m | a | r | r | o | n |
| a | o | g | r | i | s | n |
| u | r | o | u | g | e | h |
| n | a | e | w | d | b | a |
| e | n | a | n | v | l | u |
| w | g | a | i | r | e | y |
| v | e | r | t | u | u | p |
| f | g | n | i | z | h | u |
| o | b | b | l | a | n | c |

**orange** **vert**
**rouge** **gris**
**marron** **jaune**
**blanc** **bleu**

6. Quelle couleur manque? Écris.

**rouge + bleu =** ____________

____________ **+ bleu = vert**

**jaune +** ____________ **= orange**

**noir + blanc =** ____________

✎ 1. Écris les nombres dans le bon ordre.

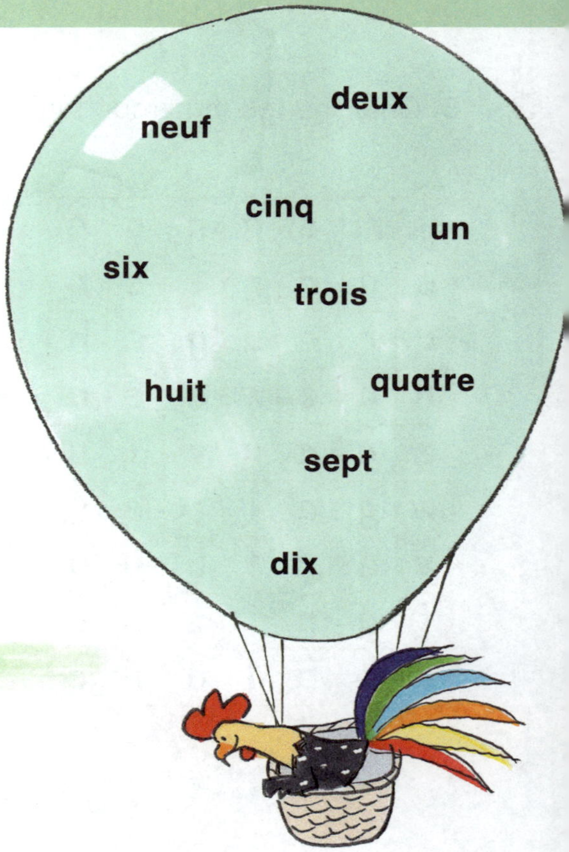

✎ 2. Compte et écris.

3. Écris.

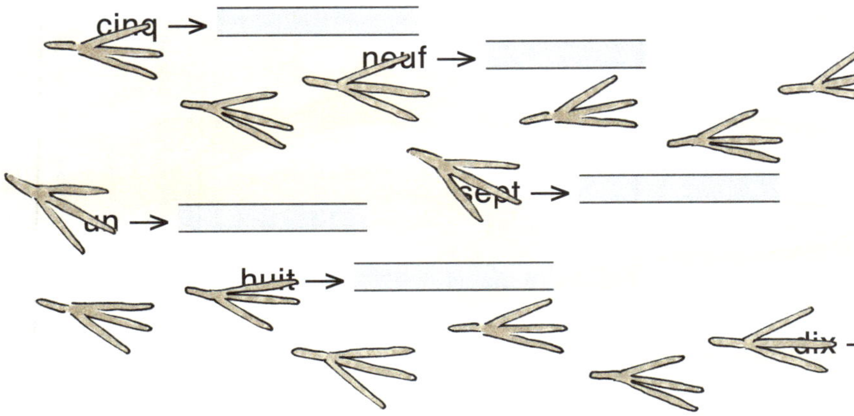


4. Combien de bonbons ont les enfants? Repasse sur les lignes.

 ______ bonbons

 ______ bonbons

 ______ bonbons

 ______ bonbons

Jetzt kannst du schon auf Französisch rechnen. Schreibe die Ergebnisse als Wörter.

5. Calcule et écris.

| | |
|---|---|
| trois + un = ______ | dix – sept = ______ |
| deux + cinq = ______ | cinq – quatre = ______ |
| trois + six = ______ | sept – cinq = ______ |
| quatre + un = ______ | neuf – huit = ______ |

6. Vrai ou faux? Coche.

Richtig oder falsch? Kreuze an.

| | vrai | faux |
|---|---|---|
| Il y a **deux** . | ○ | ○ |
| Il y a **une** . | ○ | ○ |
| Il y a **huit** . | ○ | ○ |
| Il y a **sept** . | ○ | ○ |

1. Numérote.

1 le cartable
2 le livre
3 le cahier
4 la règle
5 la trousse
6 le crayon
7 la gomme
8 les ciseaux
9 la colle

2. Relie.

**le tableau**
**la maîtresse**
**le bureau**
**le stylo**
**l'image**
**l'ordinateur**
**la chaise**
**la carte**
**la craie**

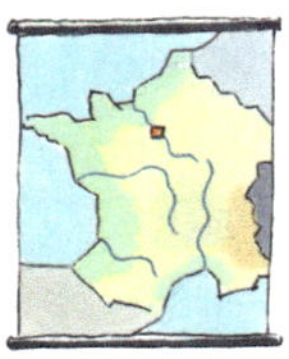

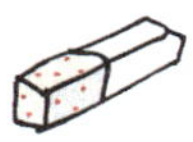

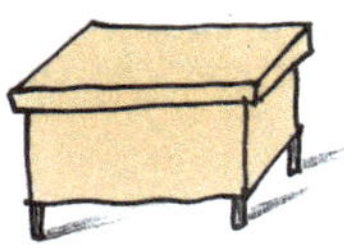

3. Trouve l'intrus.

la gomme – la règle – la fille – l'ordinateur

le crayon – les ciseaux – le stylo – la chanson

le tableau – la craie – cinq – le bureau

le livre – le garçon – la maîtresse – l'élève

4. Lis, regarde et écris.
Qu'est-ce que les enfants ont oublié?

René a oublié ______________________.

Et Véronique?

Véronique a oublié ______________________.

Et Julie?

Julie a oublié ______________________.

5. Lis et colorie.

La trousse est verte.

La règle est jaune.

Le crayon est rouge.

Le stylo est bleu.

La gomme est rose.

Le bonbon est violet.

6. Qu'est-ce qu'on peut trouver dans un cartable? Écris.

**un livre** **un bureau** **une craie**
**des ciseaux** **un tableau**
**un stylo** **un cahier** **une règle**
**un crayon** **une chaise**
**un ordinateur** **une trousse**

1. Cherche les mots cachés, puis complète les phrases.

| | | | | | | | | | | | |
|---|---|---|---|---|---|---|---|---|---|---|---|
| w | c | o | r | p | s | b | n | z | t | p | j |
| a | m | a | i | n | s | f | g | h | ê | c | a |
| y | l | t | c | x | a | p | u | i | t | h | m |
| e | v | b | c | b | r | a | s | d | e | e | b |
| u | b | o | m | p | i | e | d | s | s | v | e |
| x | c | u | e | w | a | w | n | y | f | e | s |
| b | c | c | v | a | e | r | t | i | p | u | o |
| l | j | h | d | o | i | g | t | s | r | x | e |
| w | m | e | f | g | k | l | u | r | e | a | i |
| m | s | a | g | t | q | w | b | l | o | z | l |
| a | o | r | e | i | l | l | e | s | m | c | k |
| n | e | z | p | w | d | g | m | k | f | h | d |

le **corps**
les **pieds**
la **tête**
les **jambes**
la **bouche**
les **doigts**
les **cheveux**
les **oreilles**
les **mains**
le **nez**
l' **œil**
les **yeux**
les **bras**

J'ai deux ____________  .

J'ai deux ____________  et dix ____________ 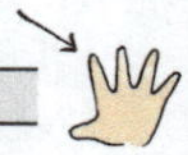 .

C'est un ____________ , et ça, ce sont deux ____________  .

Je vois avec mes ____________  .

J'entends avec mes ____________  .

Je sens avec mon ____________  .

Je parle avec ma ____________  .

J'ai deux ____________  et deux ____________ 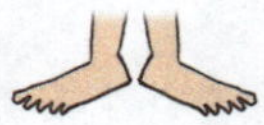 .

2. Qu'est-ce qu'il y a? Relie et écris.

Qu'est-ce qu'il y a, Nicolas?

J'ai ______________________ .

Je veux manger une crêpe.

Qu'est-ce qu'il y a, Marie?

Je suis ______________________ .

C'est mon anniversaire aujourd'hui.

Qu'est-ce qu'il y a, Louis?

J'ai ______________________ .

Je n'aime pas les araignées.

**heureuse**

**triste**

**faim**

**fâchée**

**peur**

**fatiguée**

**bien**

Qu'est-ce qu'il y a, Lucas?

Je suis ______________________ .

Je me suis cassé le bras.

Qu'est-ce qu'il y a, Sarah?

Je suis ______________________ .

Je n'ai pas le droit de regarder la télé.

Qu'est-ce qu'il y a, Camille?

Je suis ______________________ .

Je vais me coucher.

Comment vas-tu, Julie?

Je vais ______________________ , merci.

3. Lis et numérote.

1 Le monstre a deux têtes, cinq jambes et trois bras. Il est heureux.

2 Le monstre a deux têtes, deux nez et une grande oreille. Il est fâché.

3 Le monstre a une tête, quatre yeux et une bouche avec deux dents.

4 Le monstre a une tête, cinq pieds, une oreille et un bras.

5 Le monstre a ______________ bras, ______________ jambes, ______________ doigts et ______________ nez.

1. Qu'est-ce que c'est? Relie et écris.

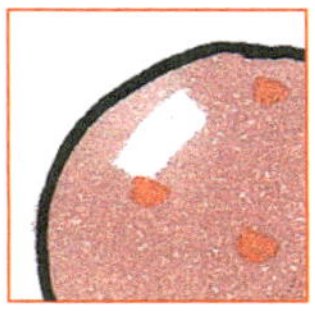

l'ours en peluche
le château
les rollers
le camion
la poupée
le jeu vidéo
la voiture de course
l'hélicoptère
le ballon
le puzzle

2. Fais les mots croisés.

3. Au magasin de jouets. Relie les images et les bulles. Écris.

Il coûte ______________ €.

Bonjour, puis-je t'aider?

Merci beaucoup. Au revoir.

J'aime bien ce ______________________.
Combien coûte-il?

4. Qu'est-ce que les enfants achètent?
Repasse sur les lignes et écris.

Julie achète ______________________ . Elle coûte ______ €.

Jean achète ______________________ . Elle coûte ______ €.

Anne achète ______________________ . Il coûte ______ €.

Paul achète ______________________ . Il coûte ______ €.

Lucie achète ______________________ . Il coûte ______ €.

**une voiture de course** **un ours en peluche**
**un hélicoptère** **une poupée** **un puzzle**

1. Quelle longue écharpe! Cherche les mots. Relie et écris les mots.

une ______________________, un ______________________,

un ______________________, des ______________________,

une ______________________, des ______________________

Ce mot manque: un ______________________

2. Regarde et écris.

Julie met sa ______________________ ,

son ______________________ 

et ses ______________________ .

Paul enlève son ______________________ ,

ses ______________________ 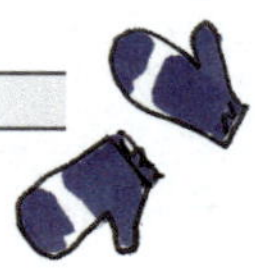 et son ______________________ .

| chaussures | gants | écharpe | robe | bonnet | anorak |
|---|---|---|---|---|---|

3. Quels vêtements vois-tu? Écris.

des chaussures – un pull – une jupe – une veste

un pantalon – un pull – un t-shirt – une robe

un short – des chaussettes – un t-shirt – un pull

4. Habille Manon et Antoine.

Manon: ______________________________

______________________________

Antoine: ______________________________

______________________________

## 5. Drôle  . Lis et coche.

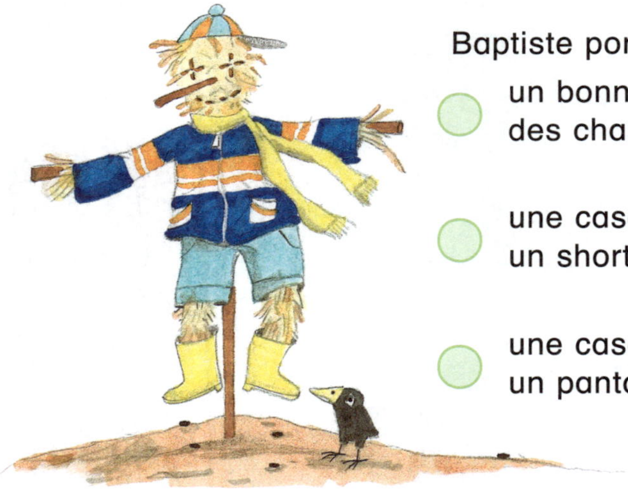

Baptiste porte …

- ○ un bonnet, une veste, un pantalon et des chaussures.
- ○ une casquette, une écharpe, une veste, un short et des bottes.
- ○ une casquette, une écharpe, un anorak, un pantalon et des chaussures.

Quentin porte …

- ○ un bonnet, un pull, un pantalon et des gants.
- ○ une casquette, un anorak, un t-shirt, un short et des bottes.
- ○ une veste, un bonnet, des chaussettes, un pantalon et des chaussures.

Dominique porte …

- ○ des gants, un bonnet, un t-shirt, une jupe et des bottes.
- ○ des gants, un écharpe, un bonnet, un pull et un pantalon.
- ○ un t-shirt, une robe, une casquette, un short et des chaussures.

## 1. Quel temps fait-il? Écris.

Il y a ________________ et il fait ________________ .

Il y a ________________________ .

| |
|---|
| du vent |
| du soleil |
| chaud |
| froid |
| pleut |
| neige |
| des nuages |

Il ________________________

et il fait ________________ .

Il ________________________

et il y a ________________________ .

**2.** Complète les mots. Relie et écris.

1. _ undi
2. _ ardi
3. mercre _ _
4. jeudi
5. _ endredi
6. _ am _ _ _
7. dima _ che

Lundi, il y a du soleil.

______________, il y a ______________ .

______________, il y a ______________ .

______________, il ______________ .

______________, il ______________ .

______________, il y a ______________ .

______________, il ______________

et il y a ______________ .

| | | | | | | |
|---|---|---|---|---|---|---|
| **vendredi** | **lundi** | **mercredi** | **samedi** | **mardi** | **dimanche** | **jeudi** |
| **du soleil (2x)** | **pleut (2x)** | **des nuages (2x)** | **neige** | **du vent** | | |

3. Lis la bande dessinée.

**Drôle de temps.**

1. Relie et écris.

la mère

la sœur

le frère

le père

la grand-mère

le grand-père

la mère,

2. Regarde et écris.

**papi**
**mamie**
**maman**
**papa**

**3.** Trouve les mots et écris. Ensuite résous les devinettes.

La famille de Léon

Il est le père de ma mère.
Il est mon grand-père.

Elle est la mère de mon père.

Elle est ma ______-______.

Il est le frère de ma mère.

Il est mon ______.

Elle est la sœur de mon père.

Elle est ma ______.

4. Lis et écris.

Ma meilleure amie a les cheveux longs et bruns.
Elle porte un pull rose.

Ma meilleure amie s'appelle ______________ .

Mon meilleur ami a les cheveux courts et blonds.
Il porte un short gris.

Mon meilleur ami s'appelle ______________ .

Ma meilleure amie a les cheveux bruns.
Elle aime bien faire du roller.

Ma meilleure amie s'appelle ______________ .

Mon meilleur ami porte un t-shirt bleu.
Il a les cheveux noirs.

Mon meilleur ami s'appelle

______________ .

5. Une interview. Lis et complète le texte.

mon frère Jean et mon frère Marcel

ma sœur Charlotte

mon ami Christophe

Alexandre, 9 ans

: Salut. Comment tu t'appelles?

: Je m'appelle ______________________ .

: Quel âge as-tu?

: J'ai ______________________ ans.

: As-tu des frères?

: Oui. J'ai ______________________ , Jean et Marcel.

: Et as-tu des sœurs?

: J'ai ______________________ . Elle s'appelle ______________________ .

: Comment s'appelle ton meilleur ami?

: Il s'appelle ______________________ .

1. Numérote et écris.

◯ le chocolat chaud

◯ le café

◯ le thé

◯ le jus d'orange

◯ le lait

◯ le coca

◯ la limonade

◯ l'eau minérale

◯ le jus de pomme

2. Regarde les images. Cherche les mots et entoure-les.
Quel mot manque?

Ce mot manque: ______________________

3. Regarde et écris.

J'aime bien ____________________ .

J'aime bien ____________________ .

J'aime bien ____________________ .

J'aime bien ____________________ .

J'aime bien ____________________ .

J'aime bien ____________________ .

J'aime bien ____________________ ____________________ .

J'aime bien ____________________ ____________________ .

J'aime bien ____________________ ____________________ .

**le chocolat chaud** **le café** **le thé** **le jus d'orange** **le lait**
**le coca** **la limonade** **l'eau minérale** **le jus de pomme**

1. Regarde et écris.

**les céréales** **le miel** **l'œuf** **la confiture** **le beurre**
**la baguette** **le pain** **le croissant** **le yaourt**

2. Trouve les mots et écris-les.

bag  e

ya 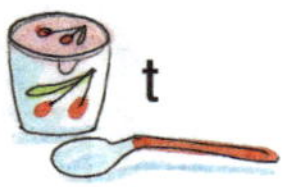 t

cr  ant

cér  s

m  l

# Informationen für Eltern und Lehrkräfte

## Französisch spielerisch üben mit den Französisch-Stars

**Aufbau und Gestaltung der Französisch-Stars**

Mit den Französisch-Stars üben und sichern die Kinder auf spielerische Weise den für die Grundschule wichtigen Wortschatz sowie ihr Lese- und Schreibvermögen. Abwechslungsreiche Übungsformen und ansprechende Illustrationen motivieren, Wörter und Strukturen vielfältig anzuwenden.

Der Hahn Plume ist dabei ständiger Begleiter. Die beiden deutschsprachigen Kinder Lisa und Max unterstützen mit Tipps und Hilfestellungen.

Die Französisch-Stars sind unterteilt in verschiedene Themenbereiche, die unabhängig voneinander bearbeitet werden können. Zusätzlich bieten sie im Anhang ein Dictionnaire en images (Bildwörterbuch). Zu jedem Thema gibt es dort eine Seite, die den Wortschatz einführt. Daher ist es empfehlenswert, diese jeweils als Erstes zu bearbeiten.
Im Anschluss folgen vielfältige Übungen zur Wortschatzwiederholung und -sicherung sowie zur Sicherung des Lese- und Schreibvermögens, z.B. Zuordnungsaufgaben, Bilderrätsel und Dialoge. Lustige Comics mit Plume zeigen den Kindern, wie viel sie schon selbstständig lesen und verstehen können.
Eindeutige Aufgabenstellungen und Selbstkontrolle durch den Lösungsteil ermöglichen den Kindern, eigenständig mit den Französisch-Stars zu arbeiten.

Für jede Seite im Dictionnaire en images, nach jedem Thema und für besonders schwierige Aufgaben (Sternchenaufgaben) dürfen sich die Kinder mit einem Sternchen-Aufkleber belohnen. Als besonderer Anreiz ergeben die Sterne am Ende des Heftes ein Gesamtbild.

Die Französisch-Stars dienen der spielerischen und zwanglosen Auseinandersetzung mit Französisch und fördern die Freude am Erlernen der Fremdsprache.

Achtung: Die Lösung zur Seite 3 findest du ganz hinten.

# Lösungen



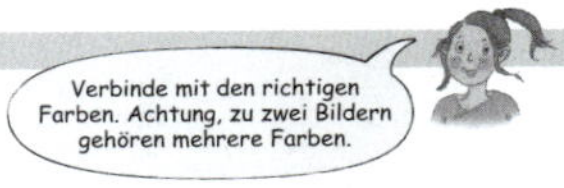


3. Relie.

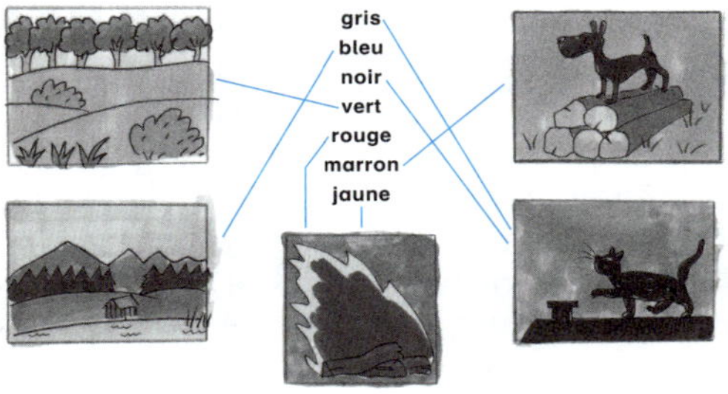


4. Écris et colorie.

jaune
vert
blanc
rouge
violet
gris

5. Cherche les mots cachés.

| | | | | | | |
|---|---|---|---|---|---|---|
| j | m | a | r | r | o | n |
| a | o | g | r | i | s | n |
| u | r | o | u | g | e | h |
| n | a | e | w | d | b | a |
| e | n | a | n | v | l | u |
| w | g | a | i | r | e | y |
| v | e | r | t | u | u | p |
| f | g | n | i | z | h | u |
| o | b | b | l | a | n | c |

| | |
|---|---|
| orange | vert |
| rouge | gris |
| marron | jaune |
| blanc | bleu |

6. Quelle couleur manque? Écris.

rouge + bleu = violet

jaune + bleu = vert

jaune + rouge = orange

noir + blanc = gris

1. Écris les nombres dans le bon ordre.

un, deux, trois, quatre,
cinq, six, sept, huit,
neuf, dix

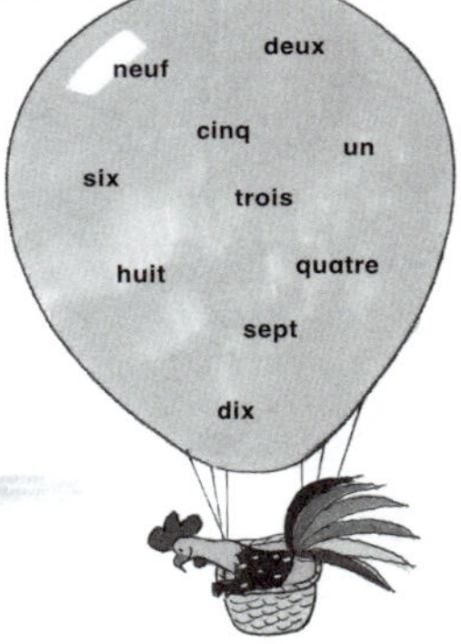

2. Compte et écris.

huit trois cinq six

3. Écris.

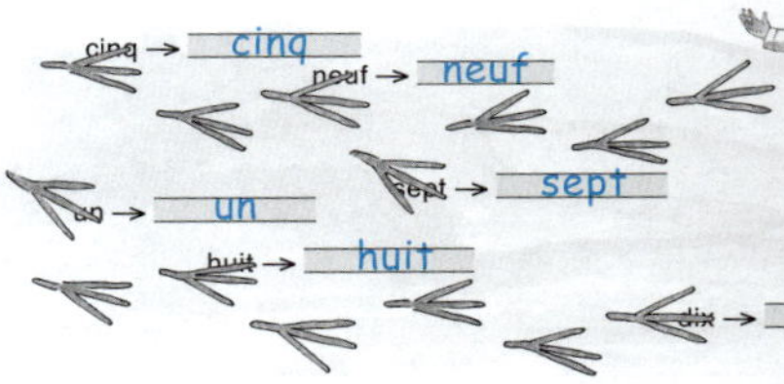


4. Combien de bonbons ont les enfants? Repasse sur les lignes.

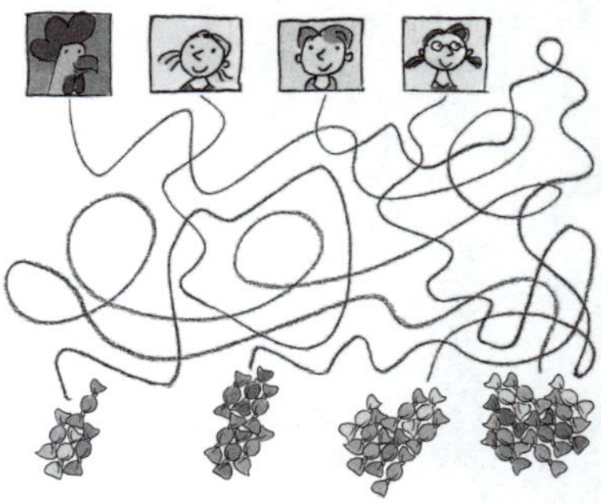

dix bonbons — quatre bonbons

six bonbons — huit bonbons

Jetzt kannst du schon auf Französisch rechnen. Schreibe die Ergebnisse als Wörter.

5. Calcule et écris.

| | |
|---|---|
| trois + un = quatre | dix – sept = trois |
| deux + cinq = sept | cinq – quatre = un |
| trois + six = neuf | sept – cinq = deux |
| cuatre + un = cinq | neuf – huit = un |

6. Vrai ou faux? Coche.

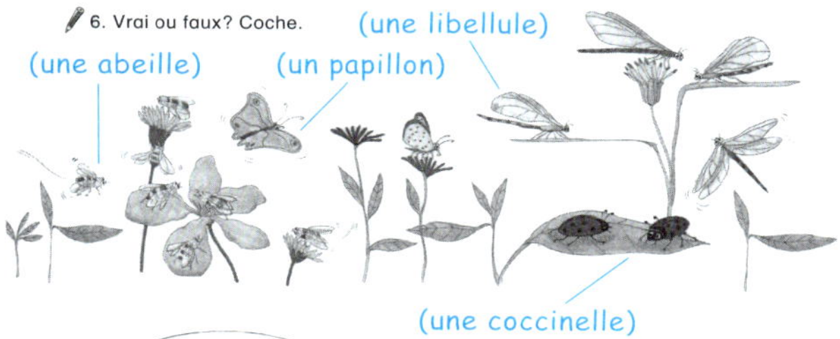


Richtig oder falsch? Kreuze an.

| | vrai | faux |
|---|---|---|
| Il y a **deux** [coccinelle]. | ☒ | ○ |
| Il y a **une** [libellule]. | ○ | ☒ |
| Il y a **huit** [papillon]. | ○ | ☒ |
| Il y a **sept** [abeille]. | ☒ | ○ |





1. Numérote.

Ordne den Schulsachen jeweils die richtige Zahl zu.

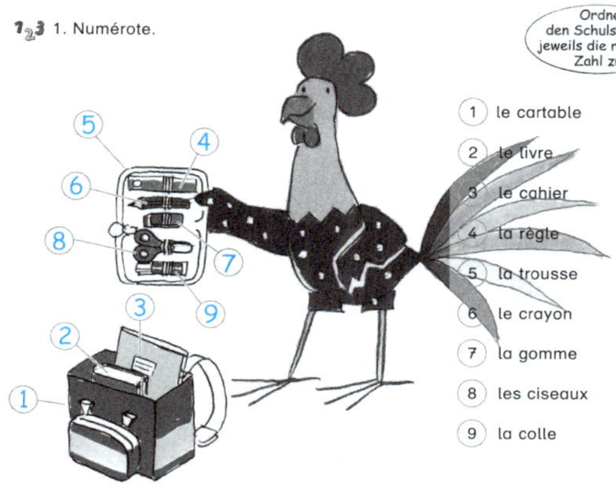

1. le cartable
2. le livre
3. le cahier
4. la règle
5. la trousse
6. le crayon
7. la gomme
8. les ciseaux
9. la colle

2. Relie.

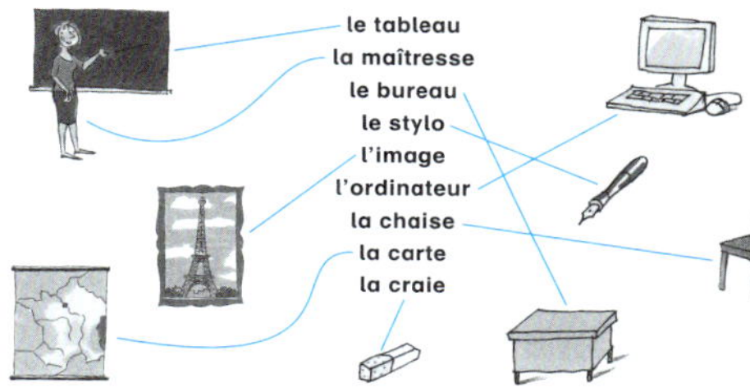

le tableau
la maîtresse
le bureau
le stylo
l'image
l'ordinateur
la chaise
la carte
la craie





3. Trouve l'intrus.

Jeweils ein Wort in der Reihe passt nicht. Streiche es durch.

la gomme – la règle – ~~la fille~~ – l'ordinateur

le crayon – les ciseaux – le stylo – ~~la chanson~~

le tableau – la craie – ~~cinq~~ – le bureau

~~le livre~~ – le garçon – la maîtresse – l'élève

4. Lis, regarde et écris.
Qu'est-ce que les enfants ont oublié?

Was sollen die Kinder alles auf den Tisch legen? Auf jedem Tisch fehlt etwas.

Mettez le cahier, le crayon, la gomme, la colle et les ciseaux sur votre table.

René a oublié le crayon.

Et Véronique?

Véronique a oublié la gomme.

Et Julie?

Julie a oublié le cahier.





5. Lis et colorie.

La trousse est verte.

La règle est jaune.

Le crayon est rouge.

Le stylo est bleu.

La gomme est rose.

Le bonbon est violet.

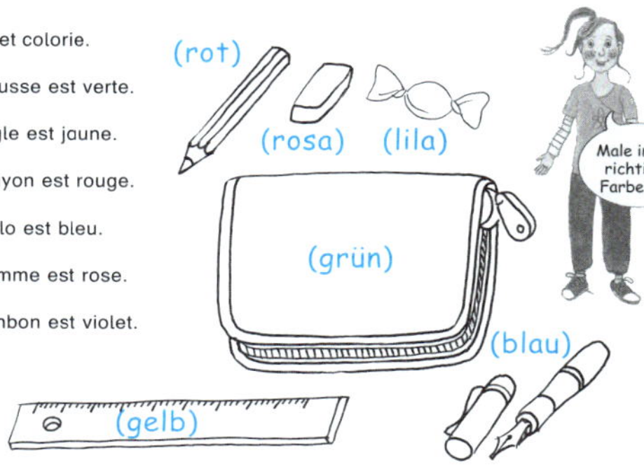


Male in der richtigen Farbe aus.

6. Qu'est-ce qu'on peut trouver dans un cartable? Écris.

un livre – un bureau – une craie – des ciseaux – un tableau – un stylo – un cahier – une règle – un crayon – une chaise – un ordinateur – une trousse

un livre, des ciseaux, un stylo, un cahier,
une règle, un crayon, une trousse

1. Cherche les mots cachés, puis complète les phrases.

| | | | | | | | | | | | |
|---|---|---|---|---|---|---|---|---|---|---|---|
| w | c | o | r | p | s | b | n | z | t | p | j |
| a | m | a | i | n | s | f | g | h | ê | c | a |
| y | l | t | c | x | a | p | u | i | t | h | m |
| e | v | b | c | b | r | a | s | d | e | e | b |
| u | b | o | m | p | i | e | d | s | s | v | e |
| x | c | u | e | w | a | w | n | y | f | e | s |
| b | c | c | v | a | e | r | t | i | p | u | o |
| l | j | h | d | o | i | g | t | s | r | x | e |
| w | m | e | f | g | k | l | u | r | e | a | i |
| m | s | a | g | t | q | w | b | l | o | z | l |
| a | o | r | e | i | l | l | e | s | m | c | k |
| n | e | z | p | w | d | g | m | k | f | h | d |

le corps
les pieds
la tête
les jambes
la bouche
les doigts
les cheveux
les oreilles
les mains
le nez
l' œil
les yeux
les bras

J'ai deux bras.

J'ai deux mains et dix doigts.

C'est un œil, et ça, ce sont deux yeux.

Je vois avec mes yeux.

J'entends avec mes oreilles.

Je sens avec mon nez.

Je parle avec ma bouche.

J'ai deux jambes et deux pieds.





2. Qu'est-ce qu'il y a? Relie et écris.

heureuse – triste – faim – fâchée – peur – fatiguée – bien

Qu'est-ce qu'il y a, Nicolas?
J'ai faim.
Je veux manger une crêpe.

Qu'est-ce qu'il y a, Lucas?
Je suis triste.
Je me suis cassé le bras.

Qu'est-ce qu'il y a, Marie?
Je suis heureuse.
C'est mon anniversaire aujourd'hui.

Qu'est-ce qu'il y a, Sarah?
Je suis fâchée.
Je n'ai pas le droit de regarder la télé.

Qu'est-ce qu'il y a, Louis?
J'ai peur.
Je n'aime pas les araignées.

Qu'est-ce qu'il y a, Camille?
Je suis fatiguée.
Je vais me coucher.

Comment vas-tu, Julie?
Je vais bien, merci.





3. Lis et numérote.

3

1

2

5

4

(1) Le monstre a deux têtes, cinq jambes et trois bras. Il est heureux.

(2) Le monstre a deux têtes, deux nez et une grande oreille. Il est fâché.

(3) Le monstre a une tête, quatre yeux et une bouche avec deux dents.

(4) Le monstre a une tête, cinq pieds, une oreille et un bras.

(5) Le monstre a quatre bras, trois jambes, quatre doigts et deux nez.





1. Qu'est-ce que c'est? Relie et écris.

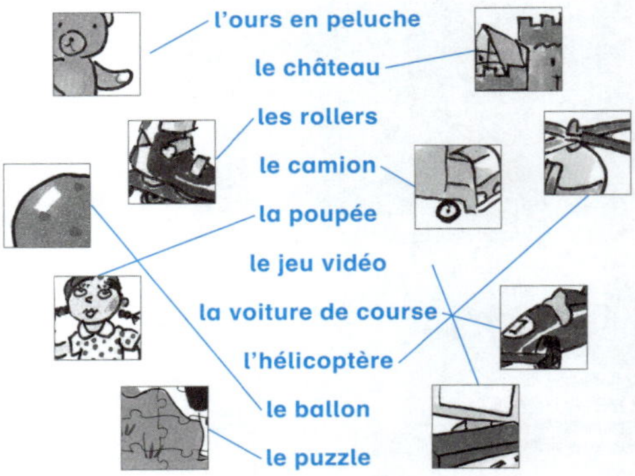

l'ours en peluche
le château
les rollers
le camion
la poupée
le jeu vidéo
la voiture de course
l'hélicoptère
le ballon
le puzzle

2. Fais les mots croisés.

PUZZLE
CAMION
VOITUREDECOURSE
OURSENPELUCHE
HÉLICOPTÈRE
CHÂTEAU

(senkrecht: POUPÉE)

3. Au magasin de jouets. Relie les images et les bulles. Écris.

4. Qu'est-ce que les enfants achètent? Repasse sur les lignes et écris.

Julie achète une poupée. Elle coûte 4 €.

Jean achète une voiture de course. Elle coûte 8 €.

Anne achète un puzzle. Il coûte 6 €.

Paul achète un hélicoptère. Il coûte 10 €.

Lucie achète un ours en peluche. Il coûte 5 €.

**une voiture de course** **un ours en peluche** **un hélicoptère** **une poupée** **un puzzle**





1. Quelle longue écharpe! Cherche les mots. Relie et écris les mots.

une jupe, un pantalon,
un pull, des bottes,
une casquette, des chaussettes
Ce mot manque: un t-shirt

2. Regarde et écris.

Julie met sa robe,
son anorak
et ses chaussures.
Paul enlève son bonnet,
ses gants et son écharpe.

**chaussures** **gants** **écharpe** **robe** **bonnet** **anorak**





3. Quels vêtements vois-tu? Écris.

Spure jeweils nur die Wörter für die Kleidungsstücke nach, die abgebildet sind.

des chaussures – un pull – une jupe – une veste

un pantalon – un pull – un t-shirt – une robe

un short – des chaussettes – un t-shirt – un pull

4. Habille Manon et Antoine.

(mögliche Lösung)

Manon: une jupe, un t-shirt, une veste, des bottes (roses), un bonnet

Antoine: un pantalon, un pull, un anorak, des chaussettes (bleues), des chaussures

5. Drôle . Lis et coche.

Baptiste porte …
- ◯ un bonnet, une veste, un pantalon et des chaussures.
- ☒ une casquette, une écharpe, une veste, un short et des bottes.
- ◯ une casquette, une écharpe, un anorak, un pantalon et des chaussures.

Quentin porte …
- ◯ un bonnet, un pull, un pantalon et des gants.
- ◯ une casquette, un anorak, un t-shirt, un short et des bottes.
- ☒ une veste, un bonnet, des chaussettes, un pantalon et des chaussures.

Dominique porte …
- ☒ des gants, un bonnet, un t-shirt, une jupe et des bottes.
- ◯ des gants, un écharpe, un bonnet, un pull et un pantalon.
- ◯ un t-shirt, une robe, une casquette, un short et des chaussures.

☆





1. Quel temps fait-il? Écris.

Il y a du soleil et il fait chaud.

Il y a des nuages.

| |
|---|
| du vent |
| du soleil |
| chaud |
| froid |
| pleut |
| neige |
| des nuages |

Il neige et il fait froid.

Il pleut et il y a du vent.





2. Complète les mots. Relie et écris.

1. l undi
2. m ardi
3. mercre d i
4. jeudi
5. v endredi
6. s am e d i
7. dima n che

Lundi, il y a du soleil.
Mardi, il y a du soleil.
Mercredi, il y a du vent.
Jeudi, il neige.
Vendredi, il pleut.
Samedi, il y a des nuages.
Dimanche, il pleut
et il y a des nuages.

☆

| vendredi | lundi | mercredi | samedi | mardi | dimanche | jeudi |
|---|---|---|---|---|---|---|
| du soleil (2x) | pleut (2x) | des nuages (2x) | neige | du vent | | |





3. Lis la bande dessinée.

**Drôle de temps.**

1. Relie et écris.

la mère, la sœur, le frère, le père,
la grand-mère, le grand-père

2. Regarde et écris.

maman — papa

mamie — papi

3. Trouve les mots et écris. Ensuite résous les devinettes.

La famille de Léon

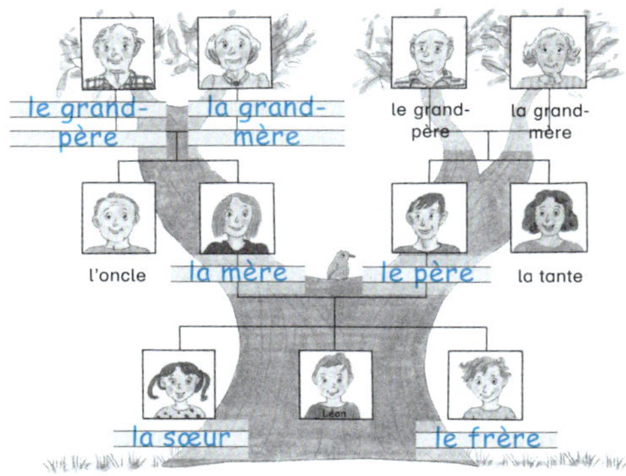


Léon: Il est le père de ma mère. Il est mon grand-père.

Il est le frère de ma mère. Il est mon o n c l e.

Elle est la mère de mon père. Elle est ma g r a n d - m è r e.

Elle est la sœur de mon père. Elle est ma t a n t e.

4. Lis et écris.

Ma meilleure amie a les cheveux longs et bruns. Elle porte un pull rose.
Ma meilleure amie s'appelle Lea.

Mon meilleur ami a les cheveux courts et blonds. Il porte un short gris.
Mon meilleur ami s'appelle Alain.

Ma meilleure amie a les cheveux bruns. Elle aime bien faire du roller.
Ma meilleure amie s'appelle Anne.

Mon meilleur ami porte un t-shirt bleu. Il a les cheveux noirs.
Mon meilleur ami s'appelle René.

5. Une interview. Lis et complète le texte.

mon frère Jean et mon frère Marcel — ma sœur Charlotte — mon ami Christophe

Alexandre, 9 ans

: Salut. Comment tu t'appelles?
: Je m'appelle Alexandre.
: Quel âge as-tu?
: J'ai neuf ans.
: As-tu des frères?
: Oui. J'ai deux frères, Jean et Marcel.
: Et as-tu des sœurs?
: J'ai une sœur. Elle s'appelle Charlotte.
: Comment s'appelle ton meilleur ami?
: Il s'appelle Christophe.

# Lösungen



Trage zu jedem Wort die richtige Nummer ein und spure nach.

1. Numérote et écris.

- (3) le chocolat chaud
- (8) le café
- (2) le thé
- (9) le jus d'orange
- (4) le lait
- (6) le coca
- (5) la limonade
- (1) l'eau minérale
- (7) le jus de pomme

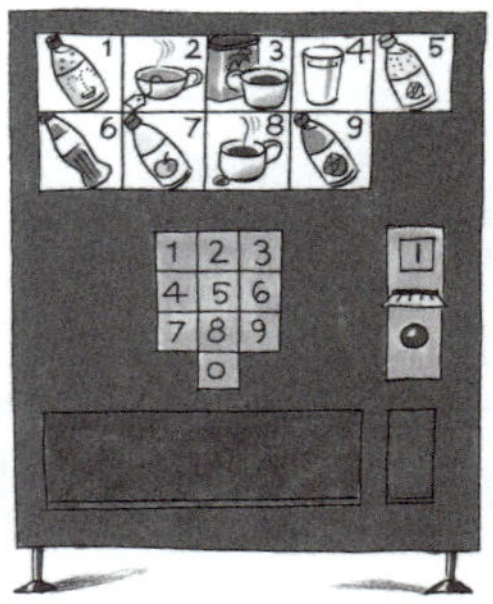

2. Regarde les images. Cherche les mots et entoure-les. Quel mot manque?

Finde die Wörter. Die Bilder helfen dir. Ein Bild bleibt übrig. Welches Wort fehlt? Schreibe es auf.

Ce mot manque: jus d'orange





3. Regarde et écris.

J'aime bien le coca.

J'aime bien la limonade.

J'aime bien le café.

J'aime bien le lait.

J'aime bien l'eau minérale.

J'aime bien le thé.

J'aime bien le jus d'orange.

J'aime bien le jus de pomme.

J'aime bien le chocolat chaud.

**le chocolat chaud** **le café** **le thé** **le jus d'orange** **le lait**
**le coca** **la limonade** **l'eau minérale** **le jus de pomme**





1. Regarde et écris.

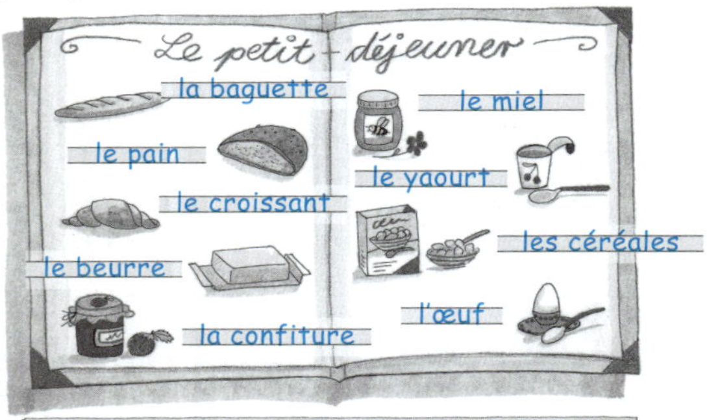


la baguette, le miel, le pain, le yaourt, le croissant, les céréales, le beurre, l'œuf, la confiture

**les céréales** **le miel** **l'œuf** **la confiture** **le beurre**
**la baguette** **le pain** **le croissant** **le yaourt**

2. Trouve les mots et écris-les.

- bag…e — baguette
- ya…t — yaourt
- cr…ant — croissant
- cér…s — céréales
- m…l — miel





3. Lis et relie.

Au petit-déjeuner, je mange des céréales avec du lait.

Au petit-déjeuner, je mange une tranche de pain avec de la confiture et je bois une tasse de chocolat chaud.

Au petit-déjeuner, je mange un croissant avec du miel et je bois un verre de lait.

Au petit-déjeuner, je mange un yaourt avec un verre de jus d'orange.

4. Qu'est-ce qu'il manque? Lis et dessine.

Au petit-déjeuner, je mange une tranche de pain avec du miel et je bois un verre de jus d'orange.

Au petit-déjeuner, je mange une baguette avec de la confiture et je bois un verre de lait.

(Orangensaft) (Marmelade)

Au petit-déjeuner, je mange un croissant avec du beurre et un œuf. Je bois une tasse de thé.

(Ei)

Ergänze die Bilder.

5. Lis et numérote.

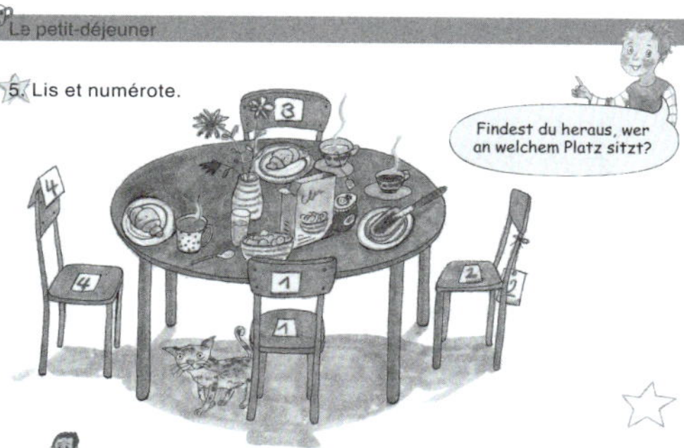


Je n'aime pas les céréales, mais j'aime bien le café. (2)

J'aime bien les croissants, mais je n'aime pas le chocolat chaud. (3)

Je n'aime pas les croissants. (1)

Je n'aime pas la confiture. (4)

6. Mets les phrases dans le bon ordre. Écris.

[le chocolat chaud] [n'aime pas] [Je]

Je n'aime pas le chocolat chaud.

[le thé] [J'aime bien] [le croissant et]

J'aime bien le croissant et le thé.

[n'aime pas] [Je] [les céréales,] [mais] [le miel] [j'aime]

Je n'aime pas les céréales, mais j'aime le miel.





1. Fais les mots croisés.

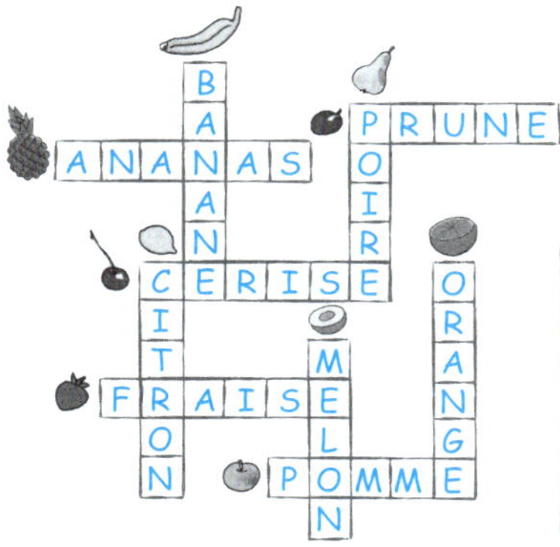


le melon
le citron
la banane
la prune
la cerise
la fraise
l'ananas
l'orange
la pomme
la poire

2. Trouve les cinq fruits dans le panier. Écris.

une banane
un citron
un melon
un ananas
une poire

3. Repasse sur les lignes et écris.

Pierre aime bien les prunes.

Charlotte aime bien les fraises.

Véronique aime bien les oranges.

David aime bien les pommes.

Nadine aime bien les cerises.

| | | | | |
|---|---|---|---|---|
| **les fraises** | **les cerises** | **les pommes** | **les prunes** | **les oranges** |

4. Devine les fruits et écris.

**banane**
**poire**
**melon**
**pomme**

pomme — melon

poire — banane





5. Lis la bande dessinée.

**Ces jus de fruits sont super!**

1. C'est quel animal? Écris et relie.

| une perruche |
|---|
| un chat · un chien |
| un poisson |
| un cochon d'Inde |
| un hamster |
| un lapin · une tortue |

Mon animal est rouge. Il sait nager.
C'est un poisson.

Mon animal est noir. Il fait «miaou».
C'est un chat.

Mon animal est bleu. Il sait voler.
C'est une perruche.

Mon animal est marron et blanc. Il est très petit.
C'est un hamster.

Mon animal est marron. Il fait «ouaf-ouaf».
C'est un chien.

Mon animal est noir et blanc. Il aime bien les pommes.
C'est un cochon d'Inde.

Mon animal est vert. Il a les jambes courtes.
C'est une tortue.

Mon animal est blanc. Il a les oreilles longues.
C'est un lapin.

La souris est grise, et moi, je suis multicolore.





2. Trouve les animaux, colorie-les en vert. Que vois-tu?

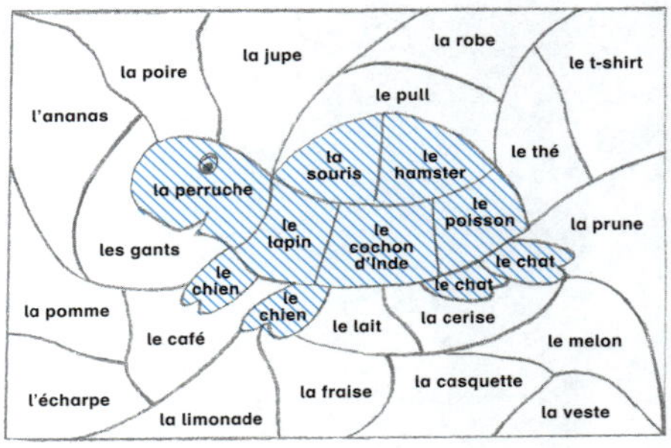


Je vois une tortue.

3. Quels animaux vois-tu? Écris.

Welche Tiere haben sich hinter der Mauer versteckt? Schreibe sie auf.

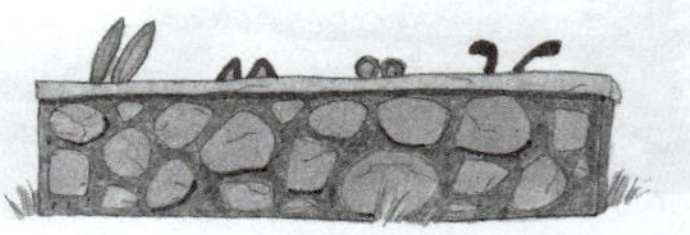

un lapin, un chat, une souris, un chien





4. Repasse sur les lignes et écris.

Le chien aime bien . (la viande)
Le chat aime bien . (le poisson)
Le lapin aime bien (les carottes) .
Le cochon d'Inde aime bien (les pommes) .
La souris aime bien (le fromage) .

| la souris |
|---|
| le chat |
| le chien |
| le cochon d'Inde |
| le lapin |

Du fromage pour toi et un bonbon pour moi.

1. Écris et relie.

Schreibe zuerst unter jedes Bild die passende Jahreszeit. Ordne dann den Jahreszeiten die Monate zu.

| l'hiver | l'automne |
|---|---|
| le printemps | l'été |

mai, avril, mars

le printemps

juin, août, juillet

l'été

septembre, novembre, octobre

l'automne

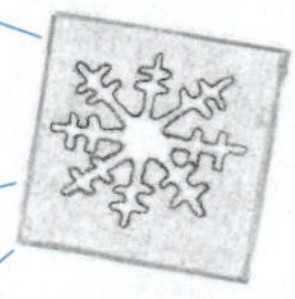

janvier, février, décembre

l'hiver

2. Écris les mois dans le bon ordre.

1. janvier 2. février 3. mars
4. avril 5. mai 6. juin
7. juillet 8. août 9. septembre
10. octobre 11. novembre 12. décembre

3. Trouve les saisons. Écris.

hiver — printemps

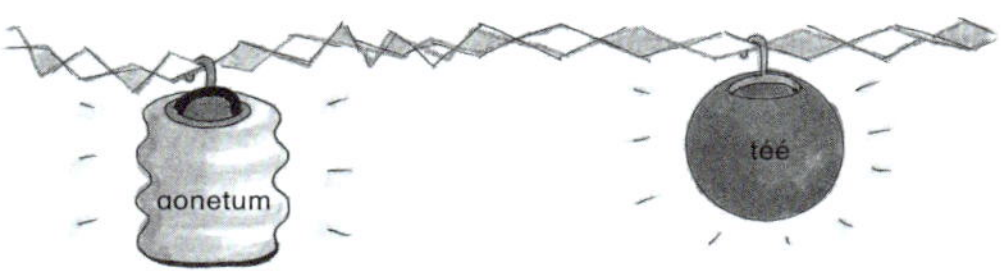


automne — été

4. Complète les phrases.

En été, il fait très chaud.

En hiver, il fait très froid et il neige.

Au printemps, il y a du soleil et on trouve beaucoup de fleurs.

En automne, il pleut beaucoup et il y a du vent.





5. Trouve les mois qui finissent par -bre.
Relie et écris.

octo- novem- juil- janv- -bre décem- mar- septem-

septembre, octobre, novembre, décembre

6. Lis et coche la bonne réponse.

Pâques est ...
- ◯ en hiver
- ◯ en été
- ☒ au printemps.

Noël est en ...
- ☒ décembre
- ◯ novembre
- ◯ septembre.

Mardi gras est en ...
- ◯ mars
- ☒ février
- ◯ juin.

Les vacances d'été sont en ...
- ◯ janvier
- ◯ mai
- ☒ juin – août.

1. Tous ces animaux vivent à la ferme. Écris et relie.

le cheval
la vache
l'oie
le mouton
le canard
la poule
le cochon

le cheval
le cochon
la poule
le mouton
l'oie
la vache
le canard





2. Où sont les animaux de la ferme? Relie et écris.

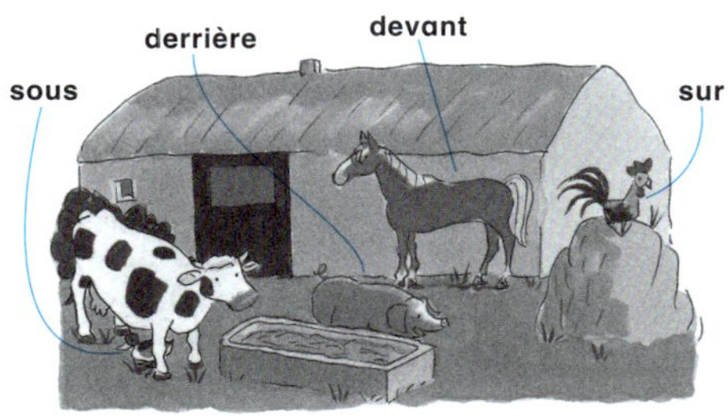


Le coq est sur.

Le cheval est devant.

Le canard est sous.

Le cochon est derrière.

# Lösungen



3. Lis la bande dessinée.

**À la ferme**

1. Colorie le drapeau français.

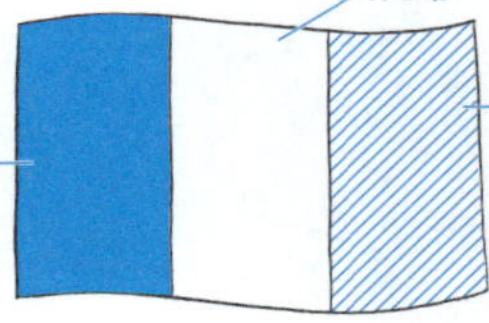


2. Que vois-tu sur les photos? Écris.

le Château de Versailles

le Louvre

la Tour Eiffel

la Cathédrale Notre-Dame de Paris

**la Tour Eiffel** **le Louvre** **le Château de Versailles**
**la Cathédrale Notre-Dame de Paris**





3. Lis la bande dessinée.

**Plume à Paris**

**Bonne nuit.**
**Bon appétit.**
**Bonsoir.**
**Bonjour.**

un deux trois quatre cinq six sept
huit neuf dix

les cheveux les pieds les jambes la bouche
l'œil / les yeux les doigts les oreilles les mains
le nez les dents les bras

la poupée · la voiture de course · le puzzle · l'hélicoptère · l'ours en peluche · le château · les rollers · le camion · le jeu vidéo · le ballon

Il y a du vent.

1. lundi
2. mardi

Il y a des nuages.

3. mercredi
4. jeudi
5. vendredi

Il pleut.

7. dimanche
6. samedi

Il y a du soleil
et il fait chaud.

Il neige
et il fait froid.

| | |
|---|---|
| du vent | pleut |
| du soleil | des nuages |
| chaud | neige |
| froid | |

la grand-mère / mamie · la tante · le père / papa · l'oncle · la sœur · la mère / maman · le frère · le grand-père / papi

le chocolat chaud
le café   la limonade
le jus d'orange   le lait
le coca   l'eau minérale
le jus de pomme   le thé





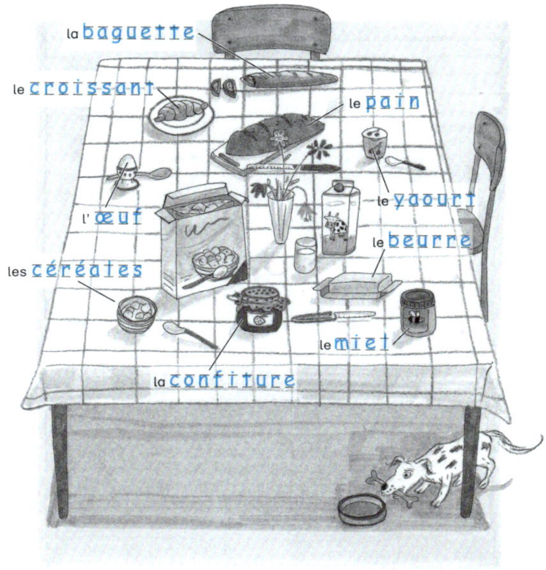


les céréales   le miel   l'œuf   la confiture   le beurre
la baguette   le pain   le croissant   le yaourt

le melon   la fraise
le citron   l'ananas
la banane   l'orange
la prune   la pomme
la cerise   la poire





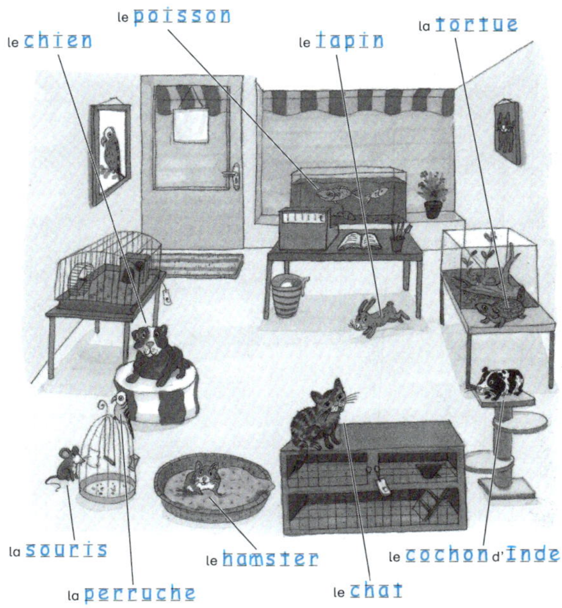


la perruche   le chat   le chien   le poisson   le hamster
le cochon d'Inde   le lapin   la tortue   la souris

mars
avril
mai

le printemps

juin
juillet
août

l'été

septembre
octobre
novembre

l'automne

décembre
janvier
février

l'hiver

l'automne le printemps l'hiver l'été

le coq le cochon la vache l'oie le mouton
la poule le canard le cheval

devant sur derrière sous

sur derrière sous devant





la Tour Eiffel
le Louvre
la Cathédrale
Notre-Dame de Paris
le Château de Versailles

## Die Lösung zur Seite 3:



1. Remplies.

Je m'appelle

2. Numérote dans le bon ordre.

3. Lis et relie.

4. Qu'est-ce qu'il manque? Lis et dessine.

**5. Lis et numérote.**

Je n'aime pas les céréales, mais j'aime bien le café. ◯

J'aime bien les croissants, mais je n'aime pas le chocolat chaud. ◯

Je n'aime pas les croissants. ◯

Je n'aime pas la confiture. ◯

**6. Mets les phrases dans le bon ordre. Écris.**

[le chocolat chaud] [n'aime pas] [Je]

______________________________________________.

[le thé] [J'aime bien] [le croissant et]

______________________________________________.

[n'aime pas] [Je] [les céréales,] [mais] [le miel] [j'aime]

______________________________________________.

1. Fais les mots croisés.

le **melon**
le **citron**
la **banane**
la **prune**
la **cerise**
la **fraise**
l'**ananas**
l'**orange**
la **pomme**
la **poire**

2. Trouve les cinq fruits dans le panier. Écris.

3. Repasse sur les lignes et écris.

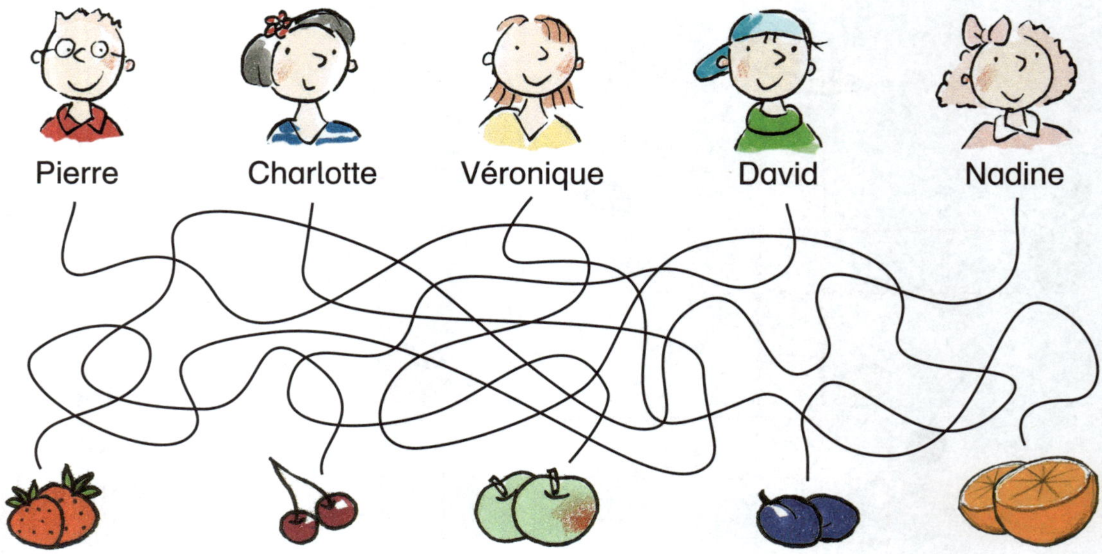


__________ aime bien les prunes.

__________ aime bien __________ .

__________ aime bien __________ .

__________ aime bien __________ .

__________ aime bien __________ .

**les fraises** **les cerises** **les pommes** **les prunes** **les oranges**

4. Devine les fruits et écris.

**banane**
**poire**
**melon**
**pomme**

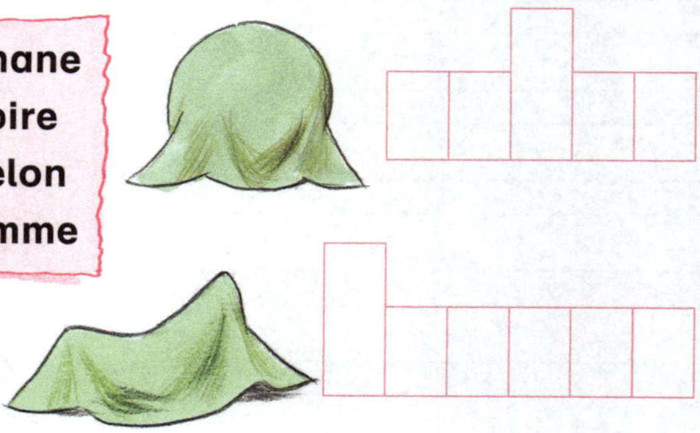

5. Lis la bande dessinée.

**Ces jus de fruits sont super!**

1. C'est quel animal? Écris et relie.

| |
|---|
| une perruche |
| un chat  un chien |
| un poisson |
| un cochon d'Inde |
| un hamster |
| un lapin  une tortue |

Mon animal est rouge. Il sait nager.
C'est ______________________ .

Mon animal est noir. Il fait «miaou».
C'est ______________________ .

Mon animal est bleu. Il sait voler.
C'est ______________________ .

Mon animal est marron et blanc. Il est très petit.
C'est ______________________ .

Mon animal est marron. Il fait «ouaf-ouaf».
C'est ______________________ .

Mon animal est noir et blanc. Il aime bien les pommes.
C'est ______________________ .

Mon animal est vert. Il a les jambes courtes.
C'est ______________________ .

Mon animal est blanc. Il a les oreilles longues.
C'est ______________________ .

2. Trouve les animaux, colorie-les en vert. Que vois-tu?

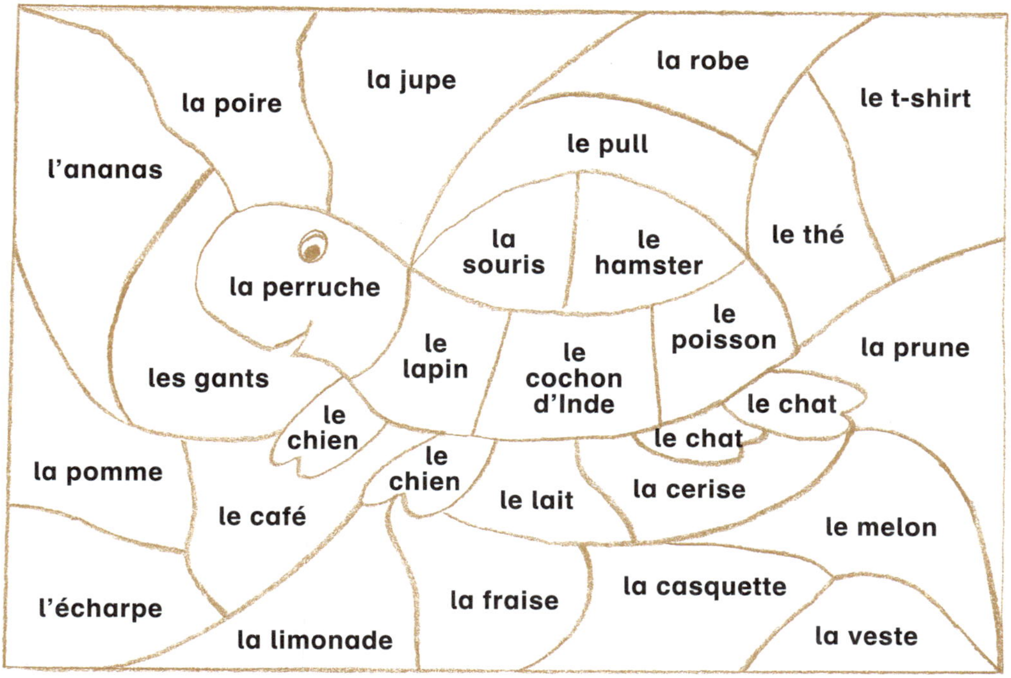


Je vois une ______________________ .

3. Quels animaux vois-tu? Écris.

______________________________________

______________________________________

4. Repasse sur les lignes et écris.

Le ______________________ aime bien  .

Le ______________________ aime bien  .

Le ________________________________________________________  .

____________________________________________________________  .

____________________________________________________________  .

| |
|---|
| **la souris** |
| **le chat** |
| **le chien** |
| **le cochon d'Inde** |
| **le lapin** |

1. Écris et relie.

**l'hiver** **l'automne**
**le printemps** **l'été**

**juin**

**mai**

**août**

**avril**

**juillet**

**mars**

**septembre**

**janvier**

**novembre**

**octobre**

**février**

**décembre**

2. Écris les mois dans le bon ordre.

1. ____ 2. ____ 3. ____
4. ____ 5. ____ 6. ____
7. ____ 8. ____ 9. ____
10. ____ 11. ____ 12. ____

3. Trouve les saisons. Écris.

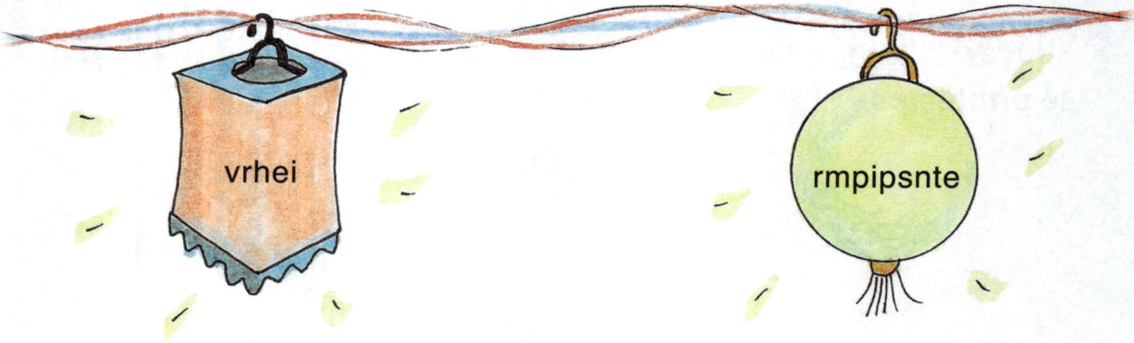


__________ __________

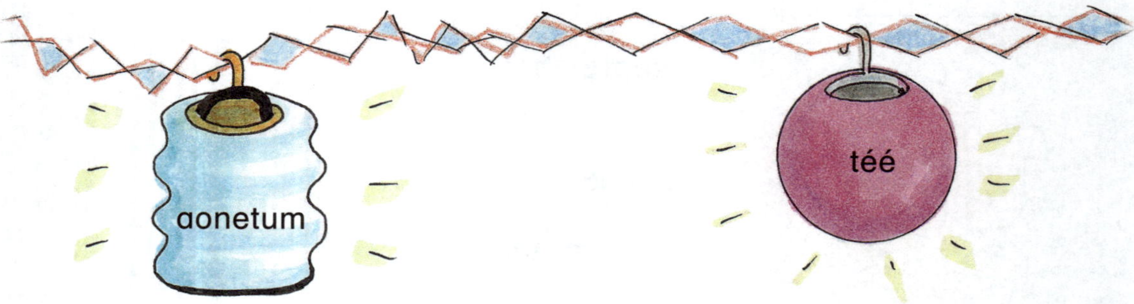


__________ __________

4. Complète les phrases.

En __________, il fait très chaud.

En __________, il fait très froid et il neige.

Au __________, il y a du soleil et on trouve beaucoup de fleurs.

En __________, il pleut beaucoup et il y a du vent.

5. Trouve les mois qui finissent par -bre.
Relie et écris.

octo-

novem-

juil-

janv-

**-bre**

décem-

mar-

septem-

6. Lis et coche la bonne réponse.

Pâques est ...

- ◯ en hiver
- ◯ en été
- ◯ au printemps.

Noël est en ...

- ◯ décembre
- ◯ novembre
- ◯ septembre.

Mardi gras est en ...

- ◯ mars
- ◯ février
- ◯ juin.

Les vacances d'été sont en ...

- ◯ janvier
- ◯ mai
- ◯ juin – août.

1. Tous ces animaux vivent à la ferme. Écris et relie.

le ch _ v _ l

la v _ ch _

l'o _ _

le m _ _ t _ n

le c _ n _ rd

la p _ _ l _

le c _ ch _ n

le cheval
le cochon
la poule
le mouton
l'oie
la vache
le canard

**2.** Où sont les animaux de la ferme? Relie et écris.

**derrière** **devant**

**sous** **sur**

Le ______________________ est ______________________  .

Le ______________________ est ______________________  .

Le ______________________ est ______________________  .

Le ______________________ est ______________________  .

3. Lis la bande dessinée.

**À la ferme**

1. Colorie le drapeau français.

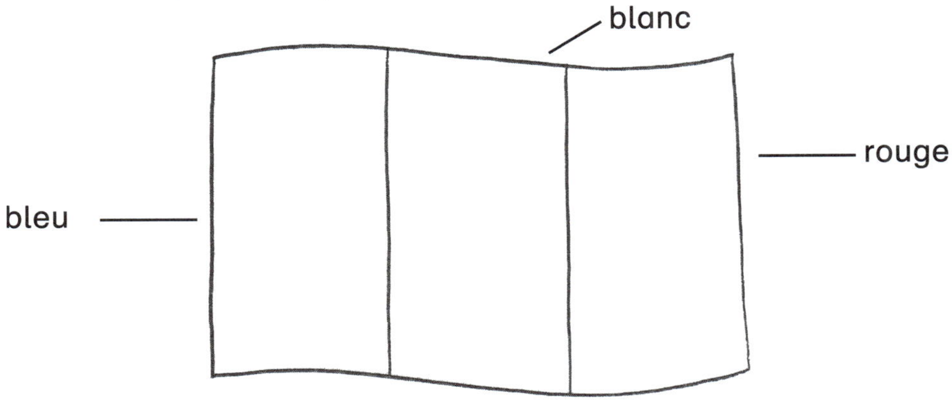


2. Que vois-tu sur les photos? Écris.

**la Tour Eiffel** **le Louvre** **le Château de Versailles**
**la Cathédrale Notre-Dame de Paris**

3. Lis la bande dessinée.

**Plume à Paris**

**Bonne nuit.**
**Bon appétit.**
**Bonsoir.**
**Bonjour.**

gris
bleu
noir
vert
rouge
rose
marron
jaune
orange
blanc
violet

| |
|---|
| **un deux trois quatre cinq six sept** <br> **huit neuf dix** |

la gomme l'ordinateur la chaise le tableau le bureau

l'image la carte le livre la craie la maîtresse

la trousse la règle le crayon les ciseaux l'élève

la colle le cartable le cahier le stylo

**les cheveux** **les pieds** **les jambes** **la bouche**
**l'œil / les yeux** **les doigts** **les oreilles** **les mains**
**le nez** **les dents** **les bras**

**la poupée** **la voiture de course** **le puzzle** **l'hélicoptère**
**l'ours en peluche** **le château** **les rollers** **le camion**
**le jeu vidéo** **le ballon**

les chaussures     la robe     les chaussettes

la jupe     la veste     le t-shirt

les bottes

la casquette     le pull     l'écharpe     le bonnet

l'anorak     les gants     le short     le pantalon

Il y a ______________ .

Il y a ______________ .

Il ______________ .

Il y a ______________

et il fait ______________ .

Il ______________

et il fait ______________ .

| | |
|---|---|
| **du vent** | **pleut** |
| **du soleil** | **des nuages** |
| **chaud** | **neige** |
| **froid** | |

**la grand-mère / mamie** **la tante** **le père / papa** **l'oncle**
**la sœur** **la mère / maman** **le frère** **le grand-père / papi**

le chocolat chaud
le café la limonade
le jus d'orange le lait
le coca l'eau minérale
le jus de pomme le thé

**les céréales** **le miel** **l'œuf** **la confiture** **le beurre**
**la baguette** **le pain** **le croissant** **le yaourt**

le melon
le citron
la banane
la prune
la cerise
la fraise
l'ananas
l'orange
la pomme
la poire

**la perruche** **le chat** **le chien** **le poisson** **le hamster**
**le cochon d'Inde** **le lapin** **la tortue** **la souris**

mars
avril
mai

juin
juillet
août

septembre
octobre
novembre

décembre
janvier
février

**l’automne** **le printemps** **l’hiver** **l’été**

**le coq** **le cochon** **la vache** **l'oie** **le mouton**
**la poule** **le canard** **le cheval**

**sur** **derrière** **sous** **devant**

la Tour Eiffel

le Louvre

la Cathédrale Notre-Dame de Paris

le Château de Versailles

le ______

le _______ __ __________

la ____ ______

la __________ _____-____ __ _____